I0758631

Martha Elva Marrero
¡CUBA, AUN SE PUEDE!

¡CUBA, AÚN SE PUEDE!

MARTHA ELVA MARRERO

Martha Elva Marrero
¡CUBA, AÚN SE PUEDE!

INTRODUCCIÓN

Hay en el mundo múltiples opiniones respecto a la situación política, económica y social de Cuba. Hablar de la isla es un tema controvertido, es hacerlo desde posiciones ideológicas muy diversas, pero en casi todas hay un factor común, o dos, de un lado los que defienden a ultranza la política del gobierno de la isla y por otra parte los que lo condenan irremediablemente, por desgracia en este tema no hay medias tintas, pero tanto fuera, como dentro de la isla hay voces que tienen algo que decir, aunque casi nunca, la última palabra sea la suya con los años esta polaridad se ha ido atenuando, la camarilla gobernante ya no tiene tanta capacidad para el sometimiento ideológico del pueblo y por otra parte, la diáspora hace lo suyo y poco a poco ha ido tomando conciencia de su papel y da pasos, aunque lentos, que ayudan al despertar de los cubanos, por ello analizaremos brevemente ambas posiciones en busca del punto de intersección que nos permita diseñar acciones futuras para garantizar que, en una etapa de transición económica de nuestra isla, nuestro pueblo tenga garantías para una vida mejor y así, no conducirlo a una aventura en la que su falta de recursos les condene a una vida miserable, sin futuro, poco diferente o nada de la que lleva ahora.

¡CUBA, AUN SE PUEDE!

La Historia Moderna está plagada de tiempos difíciles, épocas en las que el planeta se ha convulsionado por grandes crisis económicas, guerras, calamidades humanas, desastres naturales y en el mundo de hoy, por si fuera poco, la constante amenaza del terrorismo.

También es digno mencionar que todas estas nefastas situaciones no se padecen la de misma forma, ni tienen las mismas consecuencias en cualquier lugar del planeta, esto se hace evidente si analizamos como, un arrasador tornado en california causa grandes destrucciones, pero dadas las condiciones de desarrollo y protección ante estos fenómenos pocas veces hay que lamentar pérdidas de vidas humanas, en cambio unas lluvias torrenciales en Perú pueden ser la causa de la muerte de muchas personas y no precisamente por las diferencias entre ambos fenómenos meteorológicos y es que hay muchos otros factores que intervienen en los daños derivados de los mismos.

Llegados a este punto seguramente que el lector se preguntará hacia donde nos dirigimos, ¡pues hacia Cuba! Sólo que antes de entrar en mi pequeña isla he querido que nos situemos en el tiempo. Para muchos, Cuba se quedó estancada en el tiempo, inamovible un pueblo viviendo un extraño letargo dolorosamente subyugados, pero creo que ninguna de estas apreciaciones es capaz de describir en profundidad la realidad cubana, esto sólo se puede percibir desde la distancia en el tiempo y en el espacio, situación que nos hace tener otra visión y ver a nuestra querida isla con otros ojos, a pesar de que siempre idealizamos aquello que no tenemos, pero si somos justos y nos atenemos a la realidad, mi pueblo y mi pequeño caimán, en su lucha contra la adversidad, bien merecen un lugar en la historia.

Seguramente muchos de mis paisanos cada día al despertar dan gracias a Dios, si aún creen en él, por estar vivos a pesar de todos los que dieron su sangre en aras de la independencia primero y en busca de la democracia después, mientras que otros tantos han vivido del oficio de pronunciar su nombre en vano haciendo apología de un patriotismo, cuanto menos dudoso, además existe un tercer grupo de cubanos casi siempre ignorados, que viajan cargando a sus espaldas el precio de la incomprensión.

Históricamente el cubano es patriota desde el tuétano de sus huesos, desde que el criollo descendiente de españoles empezó a adquirir consciencia de nacionalidad y se sintió hijo de nuestra tierra hasta hoy, no creo que haya un solo cubano que se quede indiferente ante cualquier tema relacionado con la patria y aunque desde los inicios de las luchas por la independencia ha habido posiciones diferentes respecto a cuál debe ser su destino, a partir de la llegada de la revolución se confunde patriotismo con ideología y de esta forma, en nombre de la patria tanto para el presente, cómo para el futuro, la única ideología válida es la suya, de un lado los que desde dentro de Cuba defienden que ser patriota es apoyar incondicionalmente al gobierno y para los que cualquier posicionamiento que se aleje de la ideología de la Revolución significa ser un apátrida, mientras que la otra cara de la moneda son los que desde fuera de la isla discuten sobre su situación actual y futura, en los que apenas se tiene en cuenta la posición de quienes dentro de la isla, llevan a asu espalda el peso de más de medio siglo de zozobra.

Y yo, simple mortal, nacida bajo el mismo cielo, me pregunto ¿por qué? Por qué sagrada regla todo cubano que resida fuera de Cuba, en cualquier parte del mundo, tiene que odiar y atacar en cada una de sus intervenciones al gobierno de cuba, por qué a todo esa masa de cubanos fuera de la isla hay que llamarles exiliados, cuando un gran número de estos creemos ser meros emigrantes económicos (lo que es cuestionable) y al mismo tiempo, por qué para visitar nuestro país necesitamos estar autorizados y sólo podemos permanecer en la isla por un tiempo establecido por el gobierno, cuando el hecho de ser cubanos nos legitima para visitar el país cuando y cuanto queramos y decidir libremente si permanecer allí o no e incluso quedarnos a residir en nuestra tierra. Por qué no puedo decir lo que pienso sin caer el pecado de ser traidora por partida doble. No sería capaz de aventurarme al decir cuántos pensamos así ya que, no pocos, por temor a la intolerancia no expresan sus opiniones, por ellos escribo estas líneas, por todos nosotros y porque Cuba lo necesita. Más allá de estas consideraciones existe una realidad, la de mi país, la de un pueblo sometido desde que nació primero por los colonizadores, después de conseguir la ansiada "independencia", por los gobiernos de turno al servicio de la gran potencia del Norte y el capítulo final, este ya lo sabemos, fuimos una marioneta en manos de la URSS y lo más triste, creíamos que estamos bien.

Dentro de mi. tengo grabados aún el dolor de un país en el que su pueblo además de enfrentarse en su día a día a una lucha sin cuartel por la falta de muchas libertades, durante años además, sufrió la falta de energía eléctrica, lo que el cubano con su natural sentido del humor llamaba **alumbrones**, porque de las 24 horas del día a veces sólo podíamos disfrutar de electricidad cuatro u ocho horas, todo esto por la falta del petróleo, por no tener recursos económicos para abastecerse de tan necesario combustible, razón por la cual además no sólo faltaba la electricidad si no, que derivado de esto no había agua corriente durante días, lo que redundaba en que ninguna industria ni alimenticia, ni de ningún tipo, podía realizar su producción y abastecer al pueblo, son tantos los ejemplos que se agolpan en mis recuerdos impidiéndome enumerarlos, por ello relataré un ejemplo, uno sólo que sea capaz de retratar la situación vivida.

En los peores años vividos en la isla a raíz de la caída del bloque socialista liderado por la URSS, durante el mal llamado período especial, fui testigo de cómo unos viejecitos, jubilado él, ama de casa ella, percibiendo una pensión de jubilación de 120 pesos (de las buenas en esos tiempos para un obrero), pasaban días comiendo el triste pedazo de pan que se les vendía con a tan famosa libreta de abastecimiento y un poco de café (hecho con leña), porque su pensión no les bastaba para mucho más y los productos que compraban con la libreta no bastaban más que para unos días, durante este período el mercado libre no existía, los productos se conseguían en el mercado negro que era carísimo y los alimentos subsidiados por el gobierno que se vendían con la libreta apenas bastaban para una semana como ya he señalado, creo que esto es sirva como ejemplo de la crudeza de la situación aunque más adelante volveremos sobre este tema.

Por ello he sufrido durante años al escuchar opiniones y posicionamientos respecto al bloqueo impuesto a Cuba por parte de Estados Unidos, incluso quien ha llegado a afirmar que este no existe o no afecta a nuestro pueblo, por lo que me encantaría que estas páginas llegaran a la gente que así piensa, tal vez cambien su opinión en cuanto a apoyar o condenar dicha medida, pero soy ambiciosa y pido más, la satisfacción de que un ejemplo así le bastara a los dirigentes cubanos, los que día a día han convivido con millones de compatriotas, siendo testigos impasibles de estas y muchas otras calamidades, mientras ellos disfrutan de su vida llena de comodidades y excesos, y por otro lado a los grupos anticastristas residentes en Miami, que por lejos, no están al margen de que sus compatriotas han vivido durante más de cincuenta años padeciendo privaciones y necesidades. Es vergonzoso cómo la apatía y la indiferencia del mundo, incluso, han propiciado que todo un pueblo tenga que vivir en medio de estas calamidades y que muchas veces nuestra gente haya sufrido por esta indiferencia o por el encubrimiento de actos que van más allá.

Cuando residimos dentro de la isla somos víctimas de la incomunicación, no nos enteramos, como ocurre en casi todos los países del mundo en los que hay un nivel de desarrollo que da acceso a su gente a los diferentes medios de comunicación, pero en Cuba esto queda reducido a los medios estatales que ofrecen muy poca información, en cambio cuando salimos fuera de la isla nos llega todo tipo de noticias de forma libre, por ello, el cubano de a pie no está capacitado para rebelarse, para dar el salto, desde la ignorancia no se puede y eso, el gobierno lo sabe.

En el año 2001 fui testigo de cómo muchas veces la información, en lo que a Cuba se refiere, es manipulada o en el mejor de los casos el medio que se hace eco de la noticia no es lo suficientemente serio y no contrasta la información que ofrece. Los atentados terroristas del 11 de septiembre estaban aún recientes, era 6 de octubre y se cumplían 25 años del derribo de un avión de la compañía Cubana de Aviación en el que viajaba un equipo de esgrima cubano, perteneciente a la categoría juvenil y que acababa de proclamarse campeón en los Juegos Panamericanos Juveniles, entre los 73 pasajeros de dicho avión. En la información se hacía referencia a la asistencia de Fidel Castro a un acto con motivo de tal aniversario, calificando lo ocurrido al avión como un mero accidente, sin hacer la menor referencia a que el mismo había sido un acto terrorista, el peor que se había producido en el hemisferio norte hasta esa fecha. Para los cubanos residentes en la isla aquello fue un duro golpe, mucho más si se tiene en cuenta que los ex agentes de la CIA y considerados cerebros del mismo no cumplieron penas por ello, Orlando Bosch fue declarado inocente y Luis Posada Carriles, tampoco fue condenado y tampoco reconoció su culpa, por este acto Freddy Lugo y Hernán Ricardo Lozano fueron condenados a veinte años de prisión. Lo cierto es que aquel acto en el que perdieron la vida jóvenes inocentes no era ni de lejos una acción que favoreciera al pueblo, en todo caso, una acción que reforzaba al gobierno.

Años después la comunidad cubana en Estados Unidos o parte de ella, se indignó cuando a Posada Carriles fue condenado por un fallido intento de atentado contra Fidel Castro en la Universidad Nacional de Panamá ¿es que ni uno sólo de los indignados pensó cuantas personas morirían además de Castro? ¿Acaso están tan desinformados cómo el autor del artículo en la revista que provocó mi indignación? No quiero por un momento pensar que la gravedad o clasificación de un acto terrorista dependa de quienes son las víctimas y me avergüenzan lo mismo el despiste del periodista que se refería al derribo del avión cómo un accidente, la indignación de los cubano-americanos por la condena a Posada Carriles, como la forma en que el diario oficial cubano Granma se refería a los atentados del 11 de marzo en Madrid, cuando aún se desconocían los autores y un periodista escribió *"...se atribuyen a la banda separatista ETA..."* ¿Es que aún en Cuba se desconocía que ETA era una banda que sembraba en España el mismo terror que los que derribaron el avión de Cubana en el pueblo cubano?.

Al inicio hice referencia a los problemas que sufre el mundo, tristemente Cuba padece estos y los añadidos, aun así, mi gente subsiste, a pesar de que como se dice por allí "el pez grande siempre se come al chiquito" y los refranes son fuente de sabiduría, seguramente si un cubano de la isla lee estas líneas me argumentaría que los yanquis no pudieron con Cuba y estaremos de acuerdo en que esto es relativamente cierto. Por más de medio siglo la isla no ha podido importar de Estados Unidos ni una aspirina y si tenemos en cuenta que antes de la llegada de Fidel Cuba no contaba con Industria Farmacéutica y que al comenzar a desarrollar la misma el bloqueo de los americanos le impedía adquirir las materias primas, ni en su territorio, ni en ningún otro país que tenga relaciones comerciales con los Estados Unidos, por lo que nuestro pequeño país tuvo que aprender a vivir sin un desarrollo industrial capaz cubrir sus necesidades y justo entonces apareció la URSS y "le tendió la mano", así comenzó la andadura de Cuba como "país socialista" empujados por el asedio americano y estimulados por la "generosidad" de los soviéticos.

A partir de este momento, el gobierno de la isla se vio obligado a realizar todo su intercambio comercial con territorios a más de nueve mil kilómetros, cerradas las puertas de sus vecinos, no sólo por los de Made In Usa, si no del resto de países latinoamericanos (presionados por el poderoso Norte), entonces el gobierno de la isla emprendió una vertiginosa carrera en pos de alcanzar un desarrollo industrial que le permitiese sacar adelante su economía, esta puede ser la cara amable de la situación, pero si tenemos en cuenta que toda la tecnología utilizada para estos fines era procedente del llamado bloque socialista, de los países pertenecientes al CAME, tomamos conciencia de que mientras estos existieron, se vivieron en la isla tiempos de "cierto esplendor", en aquella época la situación interna no era todo lo catastrófica que se decía en el mundo, con la educación y la salud gratuitas para todos garantizadas, trabajos estables y muchos otros servicios sociales de los que el pueblo podía disfrutar hacían que en el país se viviera con aires de tranquilidad, sin consumismo, sin marcas, pero sin miserias, hoy la situación del pueblo en la isla dista mucho de la de entonces. Se que para muchos cubanos que vivieron esos tiempos esto sonará a connivencia con el gobierno, pero no, la sociedad de consumo tampoco el un paraíso, pero esto, para saberlo hay que salir de Cuba.

Con la desaparición del campo socialista Cuba quedó sola y desamparada , sólo nuestro pueblo lo sabe, sólo alguien que lo haya vivido sabe los que representaron para todo un pueblo el final de la década de los 80 y los principios de los 90, ya antes he mencionado la falta de combustible, la falta de energía eléctrica entre 16 y 20 horas al día, tres o cuatro días sin agua corriente, carencia de alimentos básicos, faltaban medicinas incluso para un simple resfriado, faltaban artículos de higiene personal y para la limpieza del hogar, tantas y tantas fueron las miseria y necesidades que vivimos que todo lo alcanzado en materia de educación en el seno de la sociedad cubana comenzó a caer en picado y desatar comportamientos sociales totalmente negativos que han lastrado la misma, porque han llegado a hacerse norma, tanto, que en Cuba no está mal visto por tu vecino, si eres cocinero y de tu empresa robas el aceite, el arroz, la carne o cualquier cosa comestible que puedas llevar a casa y además vender un poco en el barrio, porque claro está, el cocinero que tiene las paredes en mal estado necesita comprar el saco de cemento al albañil, que por supuesto se lo robó en la obra o al pintor, la pintura que tenía que usar en la fachada de un edificio y le añadió tantos galones de agua cómo de pintura quería llevarse para vender o intercambiar en el mercado negro.

En muchos otros terrenos de la esfera económica la gente se vale de argucias, para además, del sueldo miserable, que no basta para cubrir las necesidades, "sacarle algún beneficio al trabajo", esto a costa de la empresa, es decir del estado, dueño de la economía y de manera indirecta a costa del mismo pueblo. De esta manera, poco a poco estos métodos se fueron convirtiendo en la garantía de vida de los cubanos, una lacra denigrante en cualquier sociedad, en Cuba subyace un mercado negro, tan oscuro y profundo, como el futuro de la isla si no se pone remedio y que no crea nadie que el castigo y el encarcelamiento curan estos males, la cura para una sociedad enferma está en eliminar la fuente de su enfermedad, el origen, porque además de esto, en los años 90 florecieron otros, como es el caso de la prostitución juvenil y no por severas que fueran las penas que estableció el gobierno, según ellos para atajar lo que al mismo tiempo propiciaban, pero este tema sería cuestión de otro análisis.

Durante años, en Cuba, al estar la prostitución prohibida por ley y disfrutarse de cierta "bonanza económica" esto no fue problema, hasta que el gobierno, ahogado, decidió fomentar el turismo y poner en circulación el dólar, resurgen en Cuba males ya olvidados, fundamentalmente la prostitución, tanto en chicas como en chicos y con ella los proxenetas, los jóvenes, de ambos sexos, encontraron una forma de "resolver" sus necesidades y de paso disfrutar de un modo de vida del que nunca antes habían tenido noticias, hoteles de lujo, playas paradisíacas, ropas caras, discotecas impresionantes y un largo listado de estímulos que eran ignorados por la juventud cubana, a raíz de todo esto se endurecieron las penas de cárcel, tristemente aquí también se evidenció la doble discriminación de la mujer ya que las chicas eran descubiertas con más frecuencia que los chicos, a ellos raras veces los pillan, el machismo subyacente, en la isla la policía está integrada mayoritariamente por hombres, entre esto y la corrupción ¡Ya está el café! Pero lo que quiero destacar es que a pesar de todo esto, la prostitución no se ha conseguido controlar, como tampoco al mercado negro. Por todo esto hoy por hoy, si de algo no puede presumir el gobierno de la isla es de la educación de sus nuevas generaciones, el comportamiento de una sociedad también es una muestra de su educación.

Desde mi modesta opinión no sólo el gobierno de la isla es la causa de todas sus calamidades, la política hacia Cuba de las sucesivas administraciones en los gobiernos americanos, tienen su cuota de responsabilidad, los gobiernos estadounidenses que con absoluta desfachatez a lo largo de este período de la historia del pueblo cubano, apoyaron e incluso ayudaron a establecer tantas dictaduras en el cono sur americano, que nunca tuvieron escrúpulos al aliarse con países cuyos gobiernos distaban en sus formas de la democracia, erigidos en jueces han castigado durante más de medio siglo a todo un pueblo, no podemos olvidar que detrás de cada presidente de turno a lo largo de este período ha estado la sombra de los exiliados cubanos instalados en Estados Unidos desde la llegada de Fidel al gobierno de la isla, hecho que nunca han aceptado, muchos de los cuales, en esta situación han encontrado un camino para hacer dinero fácil con el cuento de la libertad y la democracia para Cuba, a veces he pensado que muchos de ellos han considerado que estos ingresos son la forma de resarcirse del negocio que les fue nacionalizado o del puesto que perdieron y con él las prebendas derivadas del mismo.

Lo realmente cierto es que la isla o para ser más exacta,a sus habitantes, lo hemos padecido sin tener ni la libertad de opinar libremente, el empecinamiento del gobierno de continuar adelante con su utopía y de paso llevar a nuestro pueblo a un grado de deterioro muy difícil de corregir y aunque siempre he estado convencida de que Fidel Castro, en sus inicios, creyó en su modelo y veía en él lo mejor para el pueblo, soñando con un futuro mejor, al final resultó ser un idealista incorregible y soberbio, alguna vez usted, si vivió en Cuba, se preguntó ¿realmente se puede conseguir? Pero no, no puede una pequeña isla contra el mundo y de hecho su gobierno, resistió a un precio muy alto para mi pueblo y con la certeza de que ni en generaciones se pueda conseguir un país próspero y estable, ya la historia se encargó de demostrarlo, lamentablemente el comunismo es y será una utopía, aunque muy al contrario de lo que sus detractores promulgan no es una tendencia inspirada en la destrucción, han sido los que en nombre de Marx, de Lenin y de cuantos contribuyeron   al desarrollo de una nueva visión filosófica, económica y social, que defiende los derechos de la clase obrera, la han distorsionado y ensuciado, por ello los que hemos leído a los clásicos y creímos en ellos lamentamos que el hombre no esté preparado para dar este salto y tristemente seguirá siendo una utopía, pero volviendo al tema, el mal llamado **"gobierno comunista de Cuba"** y la otra cara del origen de los males de nuestro pueblo, los enemigos del Norte, durante todo este tiempo han coexistido retroalimentándose entre si.

Antes me refería a la tajada que sacan de este pastel las organizaciones anticastristas en Estados Unidos, pero no olvidemos que en esta política de desgaste, los gobiernos americanos han tenido otras aspiraciones, a los primeros muchas veces he pensado que no les apremia que en Cuba cambien las cosas, por el contrario les conviene, basta detenernos a pensar después del bloqueo económico a la isla cuántas leyes más se han aprobado con el propósito de ahogarla, citemos como ejemplo la Ley Torricelli y la Helms-Burton, curiosamente leyendo aquí y allá cosas que afectan directa o indirectamente a mi pueblo, he leído que su creador antes de que George Bush (hijo) iniciara su aventura en Irak, llegó a acuerdos con este para que sus empresas operaran en ese país, repito, antes de iniciar la invasión y además leí que fueron sus empresas las encargadas de construir las instalaciones carcelarias en las Base Naval de Guantánamo, basten estos dos ejemplos para que podamos deducir el empeño de este señor en someter a Cuba, para este y muchos otros el sufrimiento de mi pueblo es una inversión a largo plazo, a veces me pregunto si una vez más estamos frente a la **política de la futura madura.**

Pero en el mundo además de los gobiernos americanos, en determinados momentos ha habido voces que por razones inexplicables han apoyado leyes en contra de nuestra pequeña isla, un claro ejemplo el ex presidente de España José María Aznar en el año 1996, imagino que en mi tierra, la gente tan acostumbrada a las buenas relaciones con España quedarían extrañados por su posición en el seno de la Unión Europea, como veremos más adelante.

El apoyo de Aznar a la guerra de Irak y a la política de Bush hacia Cuba no fueron sus únicas acciones que demuestran los intereses que se mueven tras las muchas sanciones que se ponen a Cuba, en este sentido podemos destacar que, cuando hacía su campaña electoral, viajó a los Estados Unidos en busca de apoyos, allí tuvo contactos, entre otros, con grupos anticastristas, en especial con el liderado por Jorge Mas Canosa, no sé si sus relaciones eran anteriores a aquel momento, cómo también ignoro cuales fueron sus promesas mutuas para cuando "Cuba fuera libre", lo que si que me quedó claro fue la relación del cubano-americano a partir de aquel momento con la Empresa Telefónica de España y el veneno en la política española hacia Cuba, me atrevería a afirmar que de este idilio surgió la política del gobierno del Partido Popular hacia nuestra isla y su influencia en la Unión Europea, cómo veo incomprensible que los países miembros de esta alianza, que desde su creación se han erigido como fieles defensores de las libertades y de los derechos humanos y ejemplos en la práctica de la democracia se sumaran para apoyar medidas de ahogo y aniquilación al gobierno de cuba, porque es sabido que a quién se aplasta con estas es a su pueblo, tanto que se llenan los labios en definir el gobierno de la isla como una dictadura y al mismo tiempo ahogar al pueblo que no lo ha elegido como si con ello pudieran aplastarla, recuerdo cuando en aquellos años hubo una cumbre de países Iberoamericanos en México y España no se sumó a la condena del bloqueo a Cuba por parte de los países latinoamericanos, resulta vergonzoso cómo la Unión Europea no dudaron a apoyar medidas de las que los principales damnificados eran su gente, sus artistas, sus músicos, la gente del pueblo llano que saliendo de la isla ayudaban a sus familias, a los que cada día cocinaban con leña, si había algo que poner en el caldero y si había agua con que cocinar, en un país donde la red de acueductos llega a casi todos los hogares, medidas que a lo largo de los años han afectado al cubano, que enfermo y atendiéndole el mejor especialista no ha podido encontrar la medicina para curarse o la anestesia para sacarle la muela que le duele o al niño que sin lápiz no pudo tomar apuntes en el colegio.

Todo esto empezó con la llegada de Fidel Castro al poder en la Isla y su oleada de leyes de corte popular a favor del obrero, del campesino, del más desfavorecido incluyendo amas de casa y estudiantes, leyes que perjudicaron fundamentalmente a las Empresas Americanas y a la oligarquía financiera cubana que presurosa corrió a refugiarse en el seno de quien, a partir de ese instante, se convirtió en su protector, el gobierno de turno en Estados Unidos quien a partir de ese momento su cruzada en contra de la revolución, mientras todo un pueblo entre dos aguas iniciaba el camino de la pobreza, unas veces más, otras menos, pero pobreza y así, con la inestimable ayuda de los vecinos del Norte empujaron a Fidel Castro a los brazos de la URSS y sus aliados, siempre he estado casi segura de que la política americana creó la "Cuba socialista", Fidel acorralado se unió a quien primero le tendió la mano y de algún modo traicionó el ideario Martiano en el que se inspiró el programa de la Revolución y de paso el suyo propio, como también creo firmemente que bastaría un mes sin bloqueo para desenmascarar a Fidel y toda su camarilla.

En realidad, el país **sobrevivió** mientras existió el campo socialista, bloque para el cual Cuba en América era una pieza clave, la llave para mantener la correlación de fuerzas y para Cuba, un modo de subsistencia con un falso desarrollo económico, como quedó demostrado una vez desaparecidos sus "protectores" cuando su economía se fue al traste y empezaron a buscar soluciones alternativas lamentablemente insuficientes, dejando a medias la utopía "supuestamente comunista".

Seguramente si a la caída del campo socialista y ante la debacle económica el gobierno de la isla hubiera permitido al pueblo iniciar actividades económicas por cuenta propia la recuperación económica hubiera sido posible con menos sufrimiento para la población, la puesta en marcha y rodaje de la economía de cualquier país tiene como motor impulsor las pequeñas empresas, así mismo esto hubiera constituido un estímulo para la población, pero en su afán de mantener el monopolio sobre la economía del país, el estado cubano contribuyó a un mayor deterioro de esta y a hacer posible arraigar en el modelo del país el robo, las prevaricación, en definitiva la destrucción de toda una cultura de país, instaurando nuevamente en la sociedad cubana lacras que ellos mismos se habían encargado de erradicar a su llegada al poder, como mejor ejemplo de ello podemos volver a citar la prostitución.

La economía en manos del estado fomentó además entre los trabajadores cubanos la falta de productividad, el desinterés por el mantenimiento de las instalaciones en fábricas, grandes industrias o simplemente una oficina.

Ya han pasado casi veinte años desde la caída del campo socialista a lo largo de los cuales los gobiernos estadounidenses no concebían que Cuba subsistiera como reducto de la política socialista, aunque en realidad para ellos este tema ya había dejado de ser una preocupación pues con ella desapareció la guerra fría y a pesar de la existencia de China, cualquier persona con un poco de sentido común estaba en condiciones de entender que Cuba no constituía un peligro como para ser incluida, por ejemplo, entre los países que forman el Eje del mal, en cambio la hostilidad contra Cuba en esos años, en lugar de disminuir se recrudeció a pesar de haber quedado muy atrás por ejemplo, los años en que Cuba "exportaba revolución", entre otras cosas por la desaparición o transformación de los movimientos latinoamericanos de liberación, también quedaron fuera del panorama político cubano la "cooperación" militar con otros países cómo fue el caso de Angola.

Si las causas de los males del pueblo cubano las analizamos mirando hacia adentro y aprovechando el tema de la cooperación con países en guerra, es incomprensible que un país ahogado, asediado económicamente, durante años haya dedicado parte de sus recursos a misiones militares de "cooperación" con otros países, recursos que dejó de emplear en su propio desarrollo. ¿Cuánto debe haber costado a Cuba la guerra de Angola? Y aquí cabe destacar muchos otros matices además del coste económico, no son pocos los que defienden la teoría de que para todas aquellas aventuras las URSS financiaba a Cuba, pero al margen de esto algo le debe haber costado al Estado cubano, seguramente nunca sabremos cuanto económicamente hablando, pero si estamos claros de los miles de cubanos que perdieron sus vidas, familias que aquella aventura dejó rotas, desgarradas, los cientos de mutilados físicos y mentales que costó a mi pueblo, de aquella pesadilla a los que lo vivimos desde dentro sólo nos ha quedado un consuelo, las tropas cubanas no fueron allí a destruir un pueblo, ni a bombardear aldeas indefensas, tampoco fueron a saquear sus recursos naturales y por si fuera poco además de las tropas cubanas fueron médicos, maestros, ingenieros y un sinfín de obreros y profesionales de muy diversas ramas para ayudar al pueblo de Angola sin medir el precio que todo un país pagaba por aquella "aventura", ¿cuántas madres cubanas aún lloran a sus hijos? ¿Cuántos hijos ni siquiera conocieron a sus padres? ¿Cuántos problemas de mi pueblo se podían haber solucionado con lo gastado en una guerra que no era suya? Porque siendo realistas una vez terminada la contienda, Angola fue un país sin bloqueos en el que su gente ha vivido sin presiones y puede que faltar un médico aquí o un maestro allá, pero en un país en el que sus habitantes han vivido en paz.

Muy por el contrario del pueblo angolano, el cubano no ha tenido en todos estos años un instante de tregua y su gobierno, tan supuestamente preocupado por nuestro pueblo, ni por un momento se detuvo a pensar que un padre no puede dejar su hijo sin comer para alimentar el del vecino y compartir, comparte el que tiene, todo esto es como si un cubano de Marianao hubiera pagado el viaje hasta la Habana vieja a llevarle la mitad de sus cuatro onzas de pan diario que les subvenciona el estado a alguien de allí y al día siguiente no puede comprar de nuevo el pan porque gastó el dinero que tenía en el transporte para hacer este acto de solidaridad, por tanto cómo puede ser lógico que un gobierno gastase los recursos de su pueblo en ayudar a otros, mientras dejaba a su gente desprovista de cosas elementales. Quiero señalar que en el único caso que estas consideraciones no me parecen oportunas es en la ayuda que se haya podido brindar por causas de desastres naturales, epidemias o cualquier otra similar en las que son respetables.

Pero cando volvemos la vista atrás podemos señalar además otras aventuras militares a las que el gobierno envió tropas y que evidencian que este derroche fue aún mayor, tal es el caso de Etiopía, El Congo, Granada, donde se perdieron tantas vidas, la ayuda a las guerrillas latinoamericanas, etc. Hay algo que muchas veces me pregunto, todas estas andanzas del gobierno de Cuba tenían el fin de crear un panorama mundial menos hostil a la isla y de este modo ganar la ansiad estabilidad o simplemente eran frías y calculadas prácticas militares en vivos para la supuesta guerra de David contra Goliat o siendo más ingenua, una "hermosa" utopía en la que un pequeño país conseguía poner la correlación de fuerzas de su lado, convertida el terrorifica dado el coste económico, humano y moral para nuestro pueblo que, además de compartir lo que no tenía en el terreno económico, compartió la vida de sus hijos, tanto civiles como militares y si no baste señalar los maestros muertos en Nicaragua, la misma Nicaragua a la que Cuba por aquellos años regaló un central azucarero y en Cuba no había azúcar ni para el café, la misma que hoy impide que cientos de mis compatriotas pasen por su territorio en busca de una vía migratoria hacia los Estados Unidos.

Y a pesar de todo cuanto he señalado en detrimento del gobierno de la isla, ni estos, ni cientos de argumentos más son válidos para justificar las hostilidad de los norteamericanos para con Cuba, porque creo que, simplemente, es contra nuestro pueblo, cuestión que, por otra parte, siempre es motivo de preocupación para los cubanos residentes en la isla y para muchos de los que estamos fuera, sobre todo desde la inclusión de Cuba dentro de los países integrantes del llamado Eje del mal y de la cruzada que inició George Bush (hijo) contra el fundamentalismo islámico. El cubano siempre temió una acción armada por parte de los americanos, sobre todo porque estos siempre se auto proclamaron defensores de la libertad y la democracia y en nombre de lo que se han tomado la libertad de invadir cualquier territorio en el mundo bombardeando, matando, aniquilando cuanto haga falta y de paso engordando las arcas de las grandes empresas armamentistas y afianzando su control económico más allá de sus fronteras, miedo del cubano por quienes en su día apoyaron la gestación y materialización del golpe de estado contra Salvador Allende (electo en las urnas por el pueblo chileno) el 11 de septiembre de 1973 desde su más altas esferas, por quienes luego apoyaron a Augusto Pinochet quien sembró la muerte y el horror en su país en el que miles de jóvenes fueron secuestrados, torturados, asesinados, barbarie sólo comparable con la de los lideres fundamentalistas islámicos quienes por paradojas del destino dieron su primer zarpazo en el corazón de los Estados Unidos el 11 de septiembre de 2011.

Nunca el mundo ha condenado los ataques recibidos por Cuba y si de algo debemos ser conscientes es que estos tienen una única víctima, el pueblo cubano, porque es él quien padece sus efectos, durante largos años muchos cubanos perdieron la vida en actos que muy bien pueden ser enmarcados como terroristas, acciones en contra del gobierno, pero que nunca afectaron al gobierno, por el contrario, este sigue allí y las victimas de aquellos sucesos no. Durante años Cuba se enfrentó a una guerra encubierta por parte de la CIA con el visto bueno de la Casa blanca, en muchas ocasiones mi pueblo se lanzó a la calle en protesta por actos de agresión, como los perros, ladrándole a la luna, pero nadie les escuchó, seguramente porque Fidel Castro iba en la manifestación o la convocó, porque la utilizaba como muestra del apoyo que tenía del pueblo, pero más que un acto de apoyo al gobierno, aquellos sucesos eran la salida a la indignación popular, la muestra de nuestro dolor por el atentado al Avión de Cubana de Aviación en Barbados, cuando en nuestras sedes diplomáticas se colocaron explosivos o cuando se atacó nuestra única fuente de ingresos, el turismo, colocando artefactos explosivos en hoteles llegando a morir extranjeros en estos actos, mientras desde Estados Unidos además de apoyarles y financiarles se les denominaba **luchadores por la libertad**.

Para el gobierno americano y para el mundo todos eran terroristas Sadam Hussein, Milosevic, los luchadores palestinos de Hamas y una lista interminable excepto los que han atacado a mi pueblo que durante más de medio siglo ha padecido la hostilidad externa y las miserias internas de cada día, por un lado, los que desde fuera han intentado destruir a Fidel y desde dentro las miserias fruto de promesas utópicas de un gobierno dictatorial enmascarado.

Durante años las medidas tomadas en el seno de los gobiernos americanos para conseguir doblegar al gobierno de la isla siempre fueron in crescendo, de cada vez eran más estrictas, encaminadas a reforzar el bloqueo económico a la isla, todas persiguiendo ahogar económicamente a Fidel Castro y consiguiendo sólo ahogar a todo un pueblo. ¿Qué han esperado los gobernantes americanos? Seguramente que la llamada disidencia, los opositores consiguieran cada día un mayor apoyo del pueblo y que lo condujeran a un estallido social, lamentablemente, al menos mientras yo permanecía en la isla esto tenía unas dudosas posibilidades

Cuando residía dentro de la isla tuve la oportunidad de estar cerca de algunos de los llamados opositores al régimen, de eso contactos deduje muchas cosas, entre otras, no encontré jamás a ninguno de ellos que en su día a día, aprovechando la conversación habitual, el contacto con vecinos, amigos, conocidos, defendiera los valores de la democracia, en sus conversaciones habituales, esta palabra no formaba parte de su día a día y mucho menos de la relevancia que se supone debe tener para alguien que lucha por conseguir concienciar a los demás al respecto, tampoco eran tema de conversación habituales los derechos humanos y no porque faltaran oportunidades, imagínense un país en el que cualquiera de sus vecinos tiene un hijo preso, ¿el motivo? Un delito común de los llamados **económicos**, sólo eso ya es un punto de apoyo para cualquier defensor de las libertades y los derechos democráticos, porque, aunque algunos constituyen actos negativos y cuestionables si los analizamos detenidamente casi todos tienen su origen en la situación política, pongamos como ejemplo que usted es pequeño agricultor y tiene vacas, un día por necesidades económicas toma una decisión nefasta, matar una de sus vacas y vender la carne, ya ha cometido un delito económico, en cualquier lugar del mundo usted con su ganado hace lo que quiere, lo vende cuando quiere y cómo mucho estará obligado a cumplir unas normas sanitarias, pero el hijo de su vecino ha cometido un delito en el que la política del gobierno es el origen.

Este y muchos otros ejemplos para la gente que quiere hacer política para producir un cambio en la isla desde dentro pueden ser fuente inspiradora y camino a seguir, pero muchos de los disidentes no suelen aprovechar esta cobertura y tristemente los que conocí, lo único que perseguían era conseguir un visado a los Estados Unidos y abandonar la isla, visado que por otra parte nunca llegaba o tardaba años porque desde luego para el gobierno americano ellos eran interesantes dentro de la misma y no fuera, por eso creo firmemente que hacer disidencia es convencer, hablar con la gente aprovechando el más mínimo resquicio, demostrar que se está a su lado y de momento, esto no está pasando en Cuba.

En mi opinión para que en Cuba haya una oposición al gobierno fuerte, que se gane el apoyo popular, es necesario que se desmarque de los propósitos americanos, aunque si debe apoyarse en los cubanos que desde fuera puedan divulgar y demostrar al mundo que en Cuba algo se mueve por un lado y por otro que no tome ningún camino que le acerque, aunque sólo sea en apariencias, al gobierno y de la impresión de alianzas, porque en la vida real, penosamente en la isla hay un número indeterminado de gente en las cárceles por el simple hecho de tener ideas opuestas a las del estado, pero al no estar integrados en ninguna organización de opositores y sus delitos no estar tipificados como políticos, permanecen en las cárceles como presos comunes. Si el gobierno de la isla que tanto cacarea sus sacrificios por y para el pueblo aplicara la lógica, en lugar de amordazar tendría que abrir puertas a expresar ideas, si realmente el pueblo les apoya los discursos en su contra no prosperarán y la gente, que no es tonta, sabrá diferenciar entre realidad y fantasía, pero el camino a las cáceles es el más corto para un régimen al que asustan los cambios, la pérdida de sus privilegios y las ideas, tanto como a los anticastristas refugiados en Estados Unidos por más de medio siglo y a los que en cualquiera de sus foros en Internet les asusta una simple poesía que ensalce a un creador de los que han permanecido en la isla y se lanzan a mordiscos verbales con quien haya osado abordar el tema, aunque he de reconocer que con el aumento de la emigración de nuevas generaciones de cubanos esto ha cambiado y se ha suavizado mucho, se percibe un poco más de tolerancia. Lo cierto es que el pueblo de Cuba tiene cultura política y sabiduría popular suficiente como para ser capaz de discernir en qué lado colocarse y es por ello que hasta el momento los opositores no han conseguido convencer a la mayoría y en política se trata de ganarse a las mayorías.

A nivel mundial, en ninguno de los países en los que se autoproclamó el comunismo, nunca existió ni por asomo, una estructura económico social que permitiese catalogarlos como tal, entre otras cosas, porque todos llegaron, suprimieron la propiedad privada, nacionalizando, en fin haciendo lo que ellos pensaron era acelerar la llegada del socialismo, pero los que hemos tenido algún acercamiento a los preceptos marxistas sabemos que este no era el camino, sino todo lo contrario, el camino que marcó Marx fue el de crear una economía estatal fuerte, consolidada, capaz de al ser una gran máquina que al competir con el productor privado fuera capaz de absorberlo, ahogarlo y que de esta manera paulatinamente las empresas privadas pasaran a ser empresas estatales, en síntesis este era el camino y para que el pueblo cubano emprenda nuevamente el camino de la democracia participativa después de casi sesenta años con una estructura económica y política totalmente opuesta, que no ha sido ni el tan cacareado "comunismo", ni una economía de mercado sana y próspera, sería cometer el mismo error, el cubano tiene que ser capaz de salir por si sólo de esta encrucijada, todo lo que venga como imposición será forzado, es necesario que dentro de la isla surjan voces que se abran paso sin buscar aliados con viejos discursos que asusten al pueblo, e ir encontrando fórmulas de entendimiento político y progreso económico.

Durante años los grandes bastiones de la revolución fueron los avances en educación y salud y hemos de re conocer que durante mucho tiempo estos dos pilares nos proporcionaron el respeto en Latinoamérica y gran parte del mundo, pero desde que en la isla las penurias comenzaron a lastrar la economía, en las aulas empezó a faltar lo más importante, los libros de texto, es sumamente importante para el buen desarrollo de la enseñanza la constante renovación y actualización de los textos y en general todo el material de consulta de alumnos y profesores, sobre todo si tenemos en cuenta de que en el país no existe un libre acceso a internet ya que en ese caso esta dificultad podría ser salvada, no es que sólo hayan faltado textos, también lápices, cuadernos y material didáctico en general, tengamos en cuenta que en Cuba ha habido una carencia total del papel en cualquiera de sus formas, desde el papel para hacer un cuaderno de notas, hasta el papel higiénico y aunque las carencias de materiales y otros medios pudieran ser suplidas con cierta dosis de ingenio, la falta de textos actualizados ya es otro tema y aun así el gobierno de Fidel y luego Raúl no pusieron todo el empeño necesario en generalizar el uso de internet, algo que en la enseñanza puede cubrir el vacío de los textos con creces y ya no hablemos de lo que puede facilitar la tarea no sólo de los docentes, sino del personal sanitario, de las administraciones públicas de todo el entramado socio económico del país, pero la posición estatal al respecto ha sido todo lo contrario, totalmente restrictiva y sólo se les ha ido abriendo caminos en este sentido a los médicos, cuando en realidad el uso de este recurso puede favorecer a todos los trabajadores del sector de la salud y de la educación de una u otra forma y desde luego a toda la sociedad, pero cómo hablamos de salud y educación mis ejemplos están dentro de estas ramas, pero claro, existe el riego de que el pueblo cubano al descubrir el mundo despierte del letargo y ni siquiera la premura por las necesidades acuciantes les convence, prueba fehaciente de que al gobierno cubano poco le importa la realidad del pueblo.

Es evidente que las restricciones del estado cubano en materia de Internet seguramente están motivadas en el abanico de posibilidades que esta abre a la comunicación nacional e internacional, para él es una carta de triunfo mantener a la gente aislada, que durante todos estos años, han intentado que la gente no tenga amplias posibilidades de comunicación como medida preventiva de ser usadas como posibles medios de movilización de grupos anti sistema, tengamos en cuenta que en el país técnicamente estaban preparados para ampliar la red telefónica y otras comunicaciones digitales, pero desde el triunfo revolucionario si en un sector no se realizaron esfuerzos para su ampliación a toda la población fue en este, aunque en el terreno militar se cuente con la última tecnología, recordemos la construcción en los años ochenta del **cable coaxial** que atravesó toda la isla.

Muchos extranjeros al visitar la isla quedan atónitos cuando un cubano les pide el periódico o la revista que se bajó del avión, la gente ha vivido todos estos años ávida de información, algo más que lo que les cuentan las cadenas estatales, de las que la mayoría no se fía, por ello muchos que tienen amigos fuera de la isla le encargan periódicos, revistas, libros, para mí la utilización parte del gobierno de la información sólo y únicamente como apoyo de sus posiciones ha propiciado que durante años el pueblo viva en un absoluto estado de confusión y aunque esto directamente no tenga que ver con la calidad de la educación está claro que hace que la esta se produzca al margen del desarrollo del mundo en general y al mismo tiempo esta política en lugar de reforzar al estado le resta credibilidad y le perjudica porque durante años el cubano ha pensado que el mundo más allá de sus costas es idílico, paradisíaco, un mundo donde todo es color de rosa y desde luego están los que piensan todo lo contrario pero que desgraciadamente son los menos. José Martí escribió "...la ignorancia mata los pueblos..." y desgraciadamente un cubano por muchos estudios que tenga mientras permanece dentro de la isla vive con una venda en los ojos, da igual sea médico, licenciado, ingeniero, profesor o si no tiene estudios, si un cubano no ha salido de la isla y no ha tenido contacto con la realidad inmediata lamentablemente es un ignorante , en lo personal tuve que salir al mundo exterior para ser consciente de que el mundo no es, ni mucho menos, como lo veía desde mi pequeña isla, que existen cosas mucho mejores que las que a lo largo de la historia hemos tenido allí y otras calamidades que desde dentro no podemos ni suponer se vivan en el mundo actual, allí se desconocen las calamidades que viven muchas personas en el mundo, incluso dentro de países desarrollados, es cierto que la información en manos del estado favorece que este tipo de noticias llegue a la gente, pero lamentablemente muchas veces el hecho de que la misma les llegue por medio de las cadenas estatales hace que se ponga en duda y la gente suele decir, **"aquí sólo nos cuentan lo que les conviene"**.

Volviendo a la utilidad de Internet como fuente para la adquisición de conocimientos, está muy claro que esto es de todos conocido, tanto por parte del pueblo, cómo por parte del estado, como también el estado sabe que este debería llegar a la mayor parte de la sociedad cómo un medio de facilitar tareas docentes y laborales pero la situación económica actual unido a todo lo que hemos analizado con anterioridad impide en parte que esto se lleve a cabo y es que en Cuba el estado tiene que asumir el coste que en cualquier lugar del mundo asumen empresas privadas que son las encargadas de masificar las infraestructuras necesarias para llegar a la población, por tanto para finalizar digamos que además de todo lo mencionado con anterioridad, el modelo económico de la isla, como ya he señalado al inicio, en lugar de favorecer el desarrollo educacional en muchos aspectos lo frena y este es un claro ejemplo de ello y si hemos visto el ejemplo de cómo ese modelo puede influir negativamente en la adquisición de conocimientos, es decir en el aspecto relativo a la enseñanza en el plan de la educación, basta recordar lo que al principio explicaba respecto a la doble moral, economía sumergida, el robo como medio de subsistencia y otras lacras que han aflorado y que hablan de un déficit educativo en el conjunto de la sociedad. Analicen y piensen ustedes mimos.

He pasado muy por encima sobre el tema de la educación y creo necesario hacer lo mismo respecto a la Salud Pública. Es cierto que durante años, pocos países del mundo subdesarrollado o en vías de desarrollo han podido presumir, como Cuba, de los logros alcanzados en lo relacionado con la salud del pueblo, contando con profesionales altamente calificados, con un gobierno para el cual este tema era prioritario, con un industria farmacéutica en desarrollo creciente gracias a la labor de investigación científica desarrollada, ahora bien, con la caída del socialismo mundial todo esto ha ido en retroceso como ha ocurrido con todas las esferas económicas, culturales y sociales en las que Cuba para su crecimiento y desarrollo tuviera que importar materia prima, equipos o cualquier otro elemento, al principio de esta etapa de crisis profunda y a partir del momento en el que en la isla se agotaron las reservas hubo una situación muy difícil en el sector de la salud ya que no se contaba ni con los medicamentos elementales, no había antibióticos, ni analgésicos, ni anti catarrales, ni reactivos para los laboratorios para poder hacer las analíticas y un largo número de etc. A los que podemos añadir la carencia en los hospitales de sábanas, material de desinfección y un sinfín de calamidades más a las que muchas familias cubanas tuvimos que hacer frente si tuvimos la mala suerte de tener un enfermo. A todo esto debemos añadir que muchas veces sin darnos cuenta o cómo resultado de la necesidad, el mismo pueblo no tenía otra opción que alimentar el vandalismo derivado de esta situación excepcional y muchos otros inescrupulosos que siendo trabajadores de farmacias, hospitales, almacenes u otras dependencias con acceso a los medicamentos y conscientes de la necesidad del pueblo los robaban y los vendían en el mercado negro, ya sé que muchos me dirán que si vendían es porque encontraban compradores; pero desgraciadamente una vez más nos encontramos frente a la disyuntiva de todo un pueblo, no de dos, ni de tres partes de un pueblo, sino de todo un pueblo, de realizar acciones cuando menos inmorales, cómo único camino para sobrevivir, víctimas de una situación además de compleja desesperada. Es en un punto como este donde confluyen causas y consecuencias y son ejemplo vivo de cómo errores socio económicos modifican la conducta de toda una sociedad y limitan el desarrollo, incluso, en ramas que ese propio estado considera como prioritarias, pero podemos decir más, para un turista que visite la isla y se percate de estas cosas debe ser en principio desconcertante y, si no tiene alguien a su lado que pueda ofrecerle una explicación al menos clara, porque ya convincente sería mucho pedir, esa persona se marchará de la isla con una opinión negativa de su gente y esto puede afectar el progreso del turismo como casi única fuentes de ingresos con que cuenta el país en la actualidad.

Para superar la degeneración que el modelo obsoleto de la organización económica, política y social ha producido en la isla, no sólo es necesario cambiar este, sino además recuperar muchos otros elementos de la educación de la sociedad que se han ido perdiendo a lo largo del tiempo y muchos esfuerzos colectivos para alcanzar una recuperación social digna de lo que siempre fue la cultura y las costumbres del cubano, desplazando los hábitos negativos enraizados en la población de la isla, gracias a la utopía delirante de un idólatra.

A continuación, quiero referirme a la influencia de la falta de libertades económicas en Cuba, estoy convencida de que aún existen caminos por los que transitando mi pueblo puede abrirse a nuevos horizontes económicos y sociales. Muy por el contrario a lo que piensa una gran mayoría no veo que la solución al problema económico en Cuba dependa de que grandes inversores aterricen en la isla con sus pomposas y desarrolladas industrias, no es que esté en contra de ello, nada más lejos de la realidad, mas en este sentido creo que hay que dosificar en pos de priorizar los intereses de los cubanos que han permanecido en la isla estos años de decadencia, sería muy triste que a un pueblo que ha padecido durante cincuenta y tantos años privaciones y escaseces se les niegue el derecho a tomar las riendas en su salida al mundo competitivo y creo que el mejor y más justo de los caminos son las pequeñas empresas.

Si en Cuba hubiera un estado que diera a sus ciudadanos las posibilidades de crear empresas, cómo resultado directo de esto mejorarían los servicios, aumentarían los ingresos de los trabajadores y a su vez estos podrían vivir del fruto de su trabajo sin necesidad de hacerlo al margen de la ley, el poder tener acceso a un trabajo digno en una empresa gestionada de forma privada sería un motor para que la productividad de las empresas aumentase y con ello la economía comenzara su proceso de recuperación. El estado cubano, hasta ahora ha sido el dueño y señor de toda la infraestructura económica de la isla, con empresas decadentes e improductivas en sus manos ¿qué pasaría si se sustituyese la maquinaria de gobierno? Pienso que quién venga detrás, tiene el deber moral de dar a su pueblo la posibilidad de participar del progreso entregando las mismas a sus trabajadores y que estos las pueden gestionar en régimen de cooperativas y si los trabajadores no están interesados elegir entre estos o convocar algún tipo de concurso en el que personas del pueblo con conocimientos sobre el tipo de empresa opten a su administración y una vez seleccionados los sean encargados de sacar adelante dichas empresas o cooperativas, el mismo estado establecer líneas de crédito para dar participación a la gente que ha vivido toda una vida sin opciones de acumular capitales que les permitan participar del desarrollo de la red empresarial del país, esto eliminaría por anticipado la injusta discriminación que supone para un cubano que ha permanecido en la isla todos estos años, que los que han estado fuera puedan hacerlo y por otra parte tanto en régimen de cooperativas como con la gestión de administradores privados, los trabajadores tendrían una justa retribución por sus trabajo y la necesidad de hacerlo con rigor, seriedad y calidad para de este modo conseguir beneficios y ganancias sin pérdidas, todo lo que redundaría en favor de todos, además si el estado le otorga una empresa a un grupo de trabajadores que ejerzan la propiedad colectiva en una empresa, en principio puede cobrar por el alquiler de las instalaciones, los impuestos correspondientes por las ganancias, la cuotas de la seguridad social de los empleados y en el caso que se conveniente y el estado tenga las posibilidades ser su abastecedor mayorista, todo lo cual redundará en progreso económico y social, en inversiones en salud, en educación, en infraestructuras de carácter social, todo esto con las puertas abiertas a que surjan nuevos inversores, pero siempre sin que una inversión de un nacional o extranjero suponga privar a un cubano de ningún derecho.

En principio mi idea puede parecer descabellada, pero con esta fórmula el cubano que ha vivido, sufrido, trabajado, tendría las mismas oportunidades que un inversor extranjero o un cubano que haya estado fuera y regrese con capacidad de inversión, además los sectores importantes para la sociedad cómo son salud, educación, transporte público entre otros seguirían siendo gestionados por el estado pero con recursos muchos de ellos derivados de la actividad económica de las empresas e forma de impuestos.

La mayor fuente de ingresos de que dispone la isla son provenientes del turismo, es en este renglón en el que debe hacer mayores esfuerzos, pero para desarrollar el turismo Cuba necesita infraestructuras, no quiero ni pensar que pasaría en la isla si los americanos quitaran de un plumazo el bloqueo y la isla un buen día se despierte con una avalancha de turistas, un país que no cuenta con las infraestructuras imprescindibles para hacer frente a un gran número de visitantes, porque el turismo no sólo precisa de hoteles, son necesarios además, bares, restaurantes, cafeterías, centros de salud, farmacias, etc. Y además tener estos abastecidos y aunque muchos de los productos para llenar los almacenes provengan de la importación, si no se desarrollan pequeñas industrias que sean las encargadas de ello el país nunca saldrá de la miseria, porque un país no puede vivir de la importación y mucho menos cuando necesita empleos para su gente y reestructurar una sociedad degradada.

Estoy segura que la mayoría de los cubanos defendería este modelo económico antes que uno que les obliga a vivir prácticamente al margen de la ley con la espada de Damócles siempre sobre sus cabezas y temor de terminar en la cárcel, sería un camino adecuado no sólo para la recuperación económica, sino para la recuperación de los valores en pérdida a los me referí anteriormente y de paso la isla saldría de un sistema económico que en los últimos años casi puede ser catalogado como feudal, en el que ha habido un solo dueño de todo y con la colaboración del bloqueo americano, una economía cerrada en la que el cubano ha tenido que a duras penas producir las cosas necesarias para su subsistencia con métodos artesanales de dudosa calidad y muchas veces sin cumplir con las más elementales normas sanitarias, un modelo que permita a los cubanos salir del submundo de la economía sumergida, con soluciones que además de permitir al pueblo vivir decentemente, sean un impulso para erradicar males que tristemente han ido corrompiendo toda una sociedad y por supuesto realizar un análisis muy profundo de como la constitución cubana debe enfrentar esta, tan importante, nueva etapa para nuestro país.

En los peores momentos del período especial, el pueblo cubano vivió momentos negros en los que para conseguir un jabón para bañarse, un champú o un simple dentífrico tenía que recurrir a las tiendas en divisa o a los establecimientos que los ofertaban en moneda nacional, pero al cambio con el dólar y para un cubano medio eso era simplemente imposible, para tener acceso a estos o tenías familiares que residieran fuera de la isla o tenías dentro de la isla una fuente de ingresos de dudosa legalidad y aun así durante todos estos años ha habido en el mundo y en especial en la comunidad cubana residente en Estados Unidos quienes han defendido el bloqueo económico a la isla y todas las medidas tomadas para recrudecerlo y por si fuera poco las medidas restrictivas aplicadas a los residentes ese país en relación al envío de dinero a sus familias en Cuba, así como las visitas de estos a la isla y sí, es cierto que esto son dólares que llegan al gobierno de la isla, pero también son para la subsistencia de los cubanos, por tanto no entiendo cómo en el mundo haya una sola persona que siendo o no cubano no le duela el sufrimiento y la miseria de todo un pueblo ya que en él, Fidel Castro, nunca ha vivido sólo y si en todos esto años sus medidas sólo han aplastado al pueblo ¿qué podemos esperar?

En estos años tan difíciles para nuestro pueblo, la vida era una batalla continua y si no imagínese cubano, en su casa ha conseguido comer y bañarse con jabón, no le duele nada, es decir no necesita calmantes y para colmo de la dicha tiene usted ropa limpia con la que vestirse, usted hombre o mujer "feliz" decide sentarse con su familia ante el televisor y sumergirse junto a sus hijos en un mundo de fantasías que les permita enajenarse de la realidad que les tocó vivir ¿Qué que se encuentra? Pues nada más y nada menos que según se sienta frente a la pantalla, flash, se va la luz, le han quitado la corriente eléctrica y usted se queda sin disfrutar de esos momentos de relax, que el calor es insoportable y el ventilador no puede funcionar, eso si su ventilador de la época soviética sobrevivió, porque hasta hoy y han pasado veinte años, para tener un ventilador en Cuba es necesario disponer de divisas para comprarlo en las tiendas de venta en pesos convertibles (dinero que dentro de la isla se cambia por el peso cubano al precio del dólar) y si nos ponemos en el caso de que no se fue la luz, de que usted puede disfrutar del refrescante aire de un ventilador y de su familia, tristemente en aquellos momentos las opciones que dos canales de televisión le ofrecen al pueblo son escasas, creo que se han ampliado a cuatro, tampoco durante todos estos años el cubano ha podido disfrutar sus vacaciones, antes del descalabro del socialismo había diversas fórmulas que les permitían esto, aunque sólo dentro del territorio nacional, pero una vez desparecida la URSS para un cubano estar de vacaciones es dejar de ir al trabajo por un período de quince días o un mes, la mayoría de la gente en la isla sólo ha tenido como percepción de territorio la propia isla, la existencia de un mundo más allá de las costas de Cuba como destino real, normal, por un corto período de tiempo para disfrutar de sus vacaciones, no es parte del esquema de vida de un cubano, esto desgraciadamente hace que la opinión popular sobre los turistas que visitan el país sea distorsionada y el hecho de que un turista extranjero sea un obrero, impensable, ¿cómo alguien que vive lo que vive día a día en Cuba puede suponer que un simple trabajador, a base de hacer ahorros pueda ir a un país extranjero de visita? Imposible de asimilar por parte de alguien que no tiene la posibilidad de ir ni al pueblo de al lado, mucho menos teniendo en cuenta, que salir de la isla es impagable para el pueblo, sólo pueden hacerlo quienes reciben ayudas desde el extranjero y no porque sea necesario gastar en un billete de avión, es que antes de materializar el acto de la compra del billete el cubano ya ha pagado al estado entre pasaporte y permisos una buena suma de dólares, así lo que para cualquier ciudadano del mundo se reduce a elegir destino y comprar un billete, incluso en la mayoría de los casos, gestionando la agencia que le vende el billete, el visado de entrada a dicho país en caso de que este sea necesario, pero durante años los cubanos no han podido abandonar la isla sin cumplir engorrosos y costosos trámites y principalmente la tan conocida carta de invitación que antes de presentar a la autoridades de emigración cubanas ha tenido que pasar por la embajada o consulado del país de destino, durante años estos severos filtros y exigencias las sufrimos desde los dos lados, por parte de las autoridades de la isla y por parte de las de los países de destino por ser cada uno de nosotros un posible emigrante. Por tanto, en un mundo donde desde diferentes tribunas acusaban al gobierno cubano de no ofrecer libertades al pueblo, se nos imponían leyes que cortaban nuestras posibilidades de desplazamientos a diferencia de cualquier habitante de otros países subdesarrollados o en vías de desarrollo, incluso en España los únicos que debían cumplir esta formalidad de la carta de invitación eran los cubanos y lo colombianos.

Por todo lo dicho anteriormente y porque he sido testigo en numerosas ocasiones cuando muchos argumentan que al cubano "Fidel no les deja salir de Cuba" y aunque ciertamente nos lo han puesto difícil la imposibilidad de los cubanos para desplazarse por el mundo no es sólo culpa de la política de Fidel, cada país a lo largo de nuestra historia reciente, se ha reservado el derecho de otorgar o no visado a los cubanos, cosa que es absolutamente legítima, pero que no es aplicada muchas veces como norma general con otros visitantes e incluso, se ha dado el caso de un cubano que teniendo la tan mencionada carta de invitación no ha recibido la autorización de visado del país de destino para realizar el viaje y el resto del mundo cacareando durante años que a los cubanos no les dejan salir de Cuba, cuando en realidad, el estado cubano convirtió las salidas de cubanos en un rentable negocio con el que cubrir la falta de ingresos en divisas y que permitiesen que la rueda de la maltrecha economía no se detuviera, así si un extranjero o cubano residente en el exterior invitaba a uno de la isla a visitar o residir en su país, comenzaba para este un largo y costoso proceso que iniciaba con la ya mencionada carta de invitación continuando con el pasaporte y finalizando con la llamada carta blanca, que era la que definitivamente autorizaba la salida, además cada cubano que permaneciera en un país extranjero por más de 30 días, debía inscribirse en el consulado cubano de dicho país y pagar cada mes el equivalente a 40 dólares al mismo en concepto de tasas por permanecer en dicho territorio, esto es a grandes rasgos lo que ha supuesto para el gobierno de la isla cada cubano que visita el extranjero, por tanto, es imposible suponer que al gobierno de la isla le conviene denegar el permiso a los cubanos para visitar otros países, la verdadera dificultad a la hora de salir de la isla de un cubano tanto para ir de visita, como para establecerse en otro país es que este le autorice el visado y con él los permisos para ingresar en su territorio, todo esto me hace pensar en el grupo musical español Mecano y su canción:

No es serio este cementerio

(José María Cano)

Colgado del cielo
por doce cipreses
doce apóstoles de verde
velan doce meses,
a la tapia en ruinas
que lo delimita
le han quitado algunas piedras
para hacer la ermita,
tiene mi cementerio una fosa común
donde estamos los héroes de Cuba,
los domingos los negros no dejan dormir
pues le da por cantar misa luba.
Y los muertos de aquí lo pasamos muy bien
entre flores de colores
y los viernes y tal
si en la fosa no hay plan
nos vestimos y salimos.
para dar unas vueltas,
sin pasar de la puerta, eso sí,
que los muertos aquí
es donde tienen que estar
y el cielo por mí se puede esperar.
Este cementerio
no es cualquiera cosa
pues las lápidas del fondo
son de mármol rosa
y aunque hay buenas tumbas
están mejor los nichos
porque cuestan más baratos
y no hay casi bichos.
Luego en plan señorial
el panteón familiar
de los duques Medina y Luengo
que, aunque el juicio final

nos trate por igual
aquí hay gente de rancio abolengo.

En esta canción de José María Cano, seguramente, por pura coincidencia, describe la realidad de Cuba, a cualquier conocedor de la Historia de Cuba no se le escapa que cuando el desembarco del Granma en el que iban Fidel, Raúl y el Che entre otros a iniciar su lucha contra el dictador (puede que algunos discrepen conmigo) Fulgencio Batista, por culpa del mal tiempo este desembarco no se produjo ni cuando, ni donde estaba previsto y los expedicionarios anduvieron tres días desde el yate hasta tierra firme entre mangles y pantanos, al llegar a tierra eligieron un mal sitio para establecer el campamento y fueron detectados por el ejército del dictador y ocurrió el primer combate entre los expedicionarios y el ejército en Alegría de Pío, como resultado del mismo los expedicionarios se dispersaron o fueron abatidos y de ellos sólo quedaron unidos 12 hombres, 12 hombres vestidos de verde, el germen de la guerrilla revolucionaria.

Más tarde, Cuba se convirtió en ese país cerrado del que su gente para salir tiene que hacer malabares, nuevamente la canción coincide en el concepto de un lugar donde su gente vive de sus costas hacia adentro no puede ir más allá de sus fronteras, aun cuando el ideario revolucionario está totalmente desgastado y degenerado. Además como desde el principio he defendido, creo que el programa de la revolución con el que se inició la lucha contra la dictadura batistiana era totalmente en favor del pueblo cubano y en favor de restablecer La Constitución de 1940 que las circunstancias históricas en que se fue desarrollando impidieron al recién llegado gobierno de la isla hacer y aun así, un Fidel soberbio e incapaz de hacer un mínimo de autocrítica, llevó a nuestro país a la destrucción sin cumplir sus propias ideas, así mismo la canción de mecano hace referencia al fondo rosa de una oscura realidad. Pudiera hacer un análisis más detallado, pero no es mi objetivo en este trabajo y por otro lado me encanta pensar que quienes lean estas líneas, si no encontraron antes las coincidencias, escuchen este precioso tema y me den o me quiten la razón.

Sé que mis opiniones sobre Fidel Castro serán cuestionadas y criticadas y que la salida a la luz de estas puede provocar opiniones encontradas, soy una simple mortal, una más entre millones de cubanos y las posibilidades de que estas letras sean leídas por muchos de mis compatriotas no son muy amplias, pero por pocos que se acerquen a ellas, me bastará con hacer pensar a un número de cubanos que después haga pensar a otros,

Por desgracia y seguramente motivado porque más de una generación hemos crecido con la disyuntiva de o estás con la revolución o estás en contra, para el gobierno de la isla los términos medio no existen y así nos educaron, por tanto no somos tolerantes, capaces de aceptar otras ideas y otras realidades y si desde el exterior se hubieran seguido otros caminos, si el mundo hubiera atendido a las particularidades de la isla y tomado decisiones pensando en su pueblo tal vez el inmovilismo del gobierno hubiera quedado neutralizado. Por desgracia esta falta de tolerancia ha obligado, inducido o acostumbrado a muchos dentro de la isla a vivir inmersos en el doble juego de apoyar públicamente al gobierno y en la sombra reconocer sus puntos de vista muy alejados de ser incondicionales al estado.

Pero si esto sólo sucediera con el cubano que vive en la isla la explicación está servida, pero sucede que fuera del país es muy complicado emitir opiniones poco polarizadas que aplaudan todo lo que se ha hecho y dicho contra Cuba, sobre todo para la gran mayoría de los cubanos residentes en Estado Unidos estas son inadmisibles, todo lo que no apruebe el posicionamiento de los americanos o su política es falta de patriotismo y así para unos y para otros durante años, los que hemos pensado diferente hemos sido sus enemigos, de esta manera el pueblo, los cubanos en general, hemos vivido entre dos fuegos, por un lado el gobierno de la isla limitando los derechos de los nacidos bajo ese cielo, impidiendo el derecho a la libertad ideológica y por otro los residentes en Estados Unidos y muchos desde dentro de la isla, durante años han visto con buenos ojos todas las medidas para ahogar el país (y con ellas a su pueblo), llegando incluso a demandar una invasión de la isla por parte de la gran potencia, cuando el mundo ha ido evolucionando hacia la solución pacifica de los grandes conflictos, por suerte hoy, esa solución pacífica y dialogada de este conflicto aparentemente está más cerca, aun cuando en pleno siglo XXI dentro del imperio hay voces principalmente de cubanos o descendientes de cubanos que abogan por todo lo contrario.

En el mundo, a lo largo de toda la geografía internacional, pero fundamentalmente dentro de Cuba, hay millones de cubanos soñando con un futuro mejor para nuestra isla y nuestra gente, soñando con ver su florecimiento económico, con una convivencia en paz y me pregunto ¿dónde está el pecado? ¿Por qué no tenemos derecho a aspirar a salir de una vida llena de calamidades sin violencia? Sólo es necesario que los de dentro entiendan que el futuro está en la democracia y que los de fuera permitan al cubano llegar a ese convencimiento sin imposiciones.

Hace años una conocida cantante cubana visitó España y en una entrevista para un periódico le preguntaron cuándo o cómo, no recuerdo exactamente, se terminaría el bloqueo económico a cuba a lo que ella respondió que para ganar esa partida los americanos tendrían que **"bombardear a Cuba con papas fritas"**, no recuerdo exactamente sus palabras, ni la situación pero en esencia lo que dijo es la clave de la solución de un conflicto medio centenario, si el boqueo económico a la isla no hubiera existido ¿qué argumentos hubiera tenido Fidel para justificar el descalabro económico de la isla? ¿O es que realmente sin este elemento hubiera sido capaz de sacar adelante su "proyecto de país"? Eso nunca lo sabremos, pero cómo yo no renuncio a soñar, pienso que sin el bloqueo las cosas hubieran ido por otros derroteros o tal vez no, tal vez una situación en la que el argumento de la hostilidad económica o política no existiera hubiera llevado al cubano a elegir libremente lo que era bueno para nuestra isla y Fidel no hubiera podido sostener su política. Pero la gran realidad es que sin el bloqueo, Fidel hubiera estado vacío de argumentos sobre la incapacidad económica de la isla y sin la hostilidad política el argumento de la "guerra", de la casi segura invasión no hubiera tenido el menor sentido.

Pero lo que ciertamente nunca he podido comprender es cómo tantos cubanos a lo largo de todos estos años han apoyado incondicionalmente la política americana hacia la isla, aun siendo conocedores de los efectos que la misma causa directamente en nuestro pueblo y que además es bandera del gobierno de la isla para limitar libertades al pueblo cortando derechos a los cubanos, que luego son reclamados por los Estado Unidos y el mundo al gobierno de Cuba, como si de un modo indirecto no fuera corresponsables, porque cada medida tomada en contra del gobierno cubano va directamente en perjuicio de nuestro pueblo. Por todo esto siempre los he visto, a unos y a otros, como dos partes inseparables de un proceso en el que se retroalimentan mutuamente y sacan partido en detrimento de todo un pueblo.

Recientemente la Unión Europea ha levantado las medidas que en el año 2003 se tomaron en contra de la isla, muchas de ellas fueron de carácter estrictamente político, estas de algún modo eran comprensibles porque estaban encaminadas a poner al gobierno de la isla en situaciones políticas complejas y con ello favorecer cambios en la isla, aun cuando desde el punto de vista de la legalidad internacional esto sea cuestionable si la postura que defendemos está inspirada en que cada país debe encausar su futuro sin la intromisión de terceros, aun así y dando el beneficio de la duda a las verdaderas razones que movieron al viejo continente en este sentido, como parte de aquel paquete de medidas Europa tomó la decisión de *"reducir las visitas gubernamentales bilaterales de alto nivel a la isla o invitar a disidentes cubanos a participar en la celebración de fiestas nacionales"* , además en aquellos momentos entre Cuba y Europa había un constante intercambio cultural, la música cubana estaba en auge y los grupos de la isla muy demandados, es decir que la Unión Europea entre sus medidas incluyó *"reducir la participación de sus estados miembros en acontecimientos culturales de la isla",* es decir que para defender la libertad se cortaron libertades y nada menos que culturales.

Pero estos hechos se produjeron en un momento al que de pasada ya me he referido al principio, José María Aznar asumió la presidencia del Reino de España y de inmediato comenzó su cruzada contra Cuba en el seno de la Unión Europea y que estas medidas no son más que la extrapolación de la política española a partir del 1996 con su llegada al gobierno, cómo parte de aquel paquete de medidas los países miembros de la Unión europea ***"decidirían una posición común respecto a Cuba y tomarían medidas para suspender cualquier tipo de cooperación con Cuba y cerrar los créditos y acuerdos empresariales"***. Aquí nuevamente se equivocaron o no, si analizamos que de fondo había la intención de "premiar" a los países europeos desde los Estados Unidos, es decir que se darían determinados beneficios a los países miembros que en ese momento ya operaban en la isla, entre ellas el aplazamiento de la Ley Helms-Burton.

Los cubanos, como la mayoría de latinoamericanos ven su sueño de futuro en Estados Unidos, el llamado sueño americano, pero para los isleños una casi eterna relación de amor-odio, no sólo a nivel social, incluso a nivel individual es muy difícil por una parte, ser testigo de cómo gracias a su política, año tras año nuestra pequeña isla ha ido decayendo y por otro, reconocer que es un país que ha nacido de una gran masa de emigrantes muy diferentes entre sí, que han sabido crear una conciencia nacional que les lleve a liderar la economía y la política internacional a lo largo de su historia, incluso que sus grandes momentos de crisis han sido ejemplo de gestión a nivel mundial, eso sí, sin adentrarnos en consideraciones de su ordenamiento político y social, no creo seamos los llamados a opinar sobre lo que sólo ellos como pueblo deben decidir, justo lo mismo que me encantaría se le otorgara a mi pueblo, la libertad para dirigir su destino desde el análisis y la crítica por parte de nuestra sociedad.

Para de algún modo controlar los éxodos desordenados y espontáneos de una gran masa de cubanos en pos de alcanzar ese sueño fue necesario que ambos países se sentaran a negociar, llegando a unos acuerdos migratorios por los cuales el gobierno americano cada año debía conceder a un determinado número de cubanos, según creo recordar veinte mil cada año, el visado correspondiente para emigrar a los Estados Unidos, pero durante mucho tiempo de estos sólo eran concedidos la mitad o menos, lo que contribuyó a que los cubanos, dadas las escasas posibilidades para emigrar a cualquier otro lugar del mundo, no les quedaba más remedio que subirse a una balsa para intentar alcanzar las costas del gran vecino y con ellas su sueño de una vida mejor, sueño que en miles de ocasiones quedó sumergido en el fondo del Estrecho de la Florida o el los estómagos de los tiburones, cuando no murieron por insolación, sed, frío o cualquier otra causa derivada de semejante aventura, todo ello como consecuencia de la politización de la emigración a nivel de acuerdos entre gobiernos, estos hechos son frecuentes en el mundo subdesarrollado, no son pocos los africanos que han perdido sus vidas intentando llegar a Europa del mismo modo, o los haitianos que emprenden el mismo camino en similares condiciones, pero en América los haitianos son casos aislados, el único referente masivo de hechos semejantes en la segunda parte del siglo XX, es el de los cubanos intentando alcanzar las costas americanas.

Si en los primeros años de la llegada de Fidel al gobierno la emigración cubana esta fundamentalmente compuesta por opositores, personas que tenían un posicionamiento ideológico contrario al estado, las ultimas migraciones de cubanos están enmarcadas en un contexto económico, muchos que durante los años de "bonanza económica" incondicionalmente apoyaban al gobierno de la isla han emigrado, el cubano ha salido en busca de una mejor vida para él y su familia, aunque está claro que la situación económica de la isla tiene un origen político, la gente no vive pensando en las causas, porque la gente lo que sufre es las consecuencias, cuando nos marchamos de la isla lo hacemos en busca de mejorar nuestra economía y no de cambiar nada para la isla, por lo que todo aquel que se ha marchado con este fin no está en confrontación directa con la política, aunque soy consciente que la situación económica es consecuencia directa de la política, cuando tomamos esta decisión creemos hacerlo cómo otros tantos habitantes de un sin número de países, sobre todo desde finales de los noventa y principio del siglo XXI, período en el que la economía del cono sur americanos cayó en picado y muchos naturales de estos países emigraron fundamentalmente a Europa y los que lo hicieron desde países en conflictos bélicos fueron menos, aunque en el momento actual y principalmente en los últimos cinco años esta correlación está cambiando.

Todas las trabas migratorias antes señaladas han sido durante años la principal causa por la que los cubanos han secuestrado embarcaciones, aviones o se ha subido a una balsa, cuando alguien sube a una simple goma de camión e intenta con tan rudimentaria embarcación llegar a las costas americanas, el mundo lo desconoce, pero cuando secuestra una embarcación y dicho acto se ve rodeado de sucesos extraños, en los que autoridades y secuestradores se acusan mutuamente de haber provocado incluso muertes, cuando esto sucede, el mundo se entera y se producen las reacciones que generalmente están dirigidas a condenar al gobierno, más estos no son los únicos muertos, en el estrecho los cubanos se han dejado la vida por miles como ya he dicho, muertes que en muchos casos podían haberse evitado con sólo cumplir los tratados migratorios, incluidas las de los capturados y una vez juzgados condenados a la pena de muerte y fusilados, tan criminal fue el gobierno de Cuba que los sentenció, como los americanos que cierran deliberadamente sus puertas para que forzar el éxodo desesperado y así mientras los miles de ahogados o devorados por los tiburones pasan inadvertidas para el mundo, estas últimas ocupan grandes titulares y llenan páginas de la prensa internacional por meses.

Mirando al mundo actual no puedo menos que preocuparme al pensar en los flujos migratorios, en los humanos cómo en los animales estos son cíclicos, aunque en los primeros entren a jugar factores que modifican sus ciclos, pero está claro que en los siglos XIX y gran parte del XX América fue el lugar de acogida de los europeos que se marcharon huyendo de las nefastas situaciones económicas o de guerra y en los últimos años del siglo XX ha sido Europa quien ha tenido que abrir los brazos, en su gran mayoría a los descendientes de aquellos europeos que un día pusieron rumbo al Sur, con la diferencia, que en el éxodo europeo hacia el continente Americano allí eran recibidos sin tantas regulaciones, ni trabas que dificultaran su establecimiento en aquellas tierras, e incluso, pensando en Cuba receptora de inmigrantes en durante siglos es lamentable el trato migratorio que el mundo ha dado por años a los cubanos, que durante años han estado en desventaja en el tema migratorio, el cubano ha tenido que hacer lo que más sabe en su vida, lo que marca su día a día, su cotidianidad "inventar", es de todos conocido que un cubano convierte el más insignificante cacharro en un objeto útil y por ellos sus "artilugios migratorios" les han hecho merecedores de fama internacional, los cubanos que así lo deciden ya sea por razones políticas, "económicas" familiares, porque sueñan vivir en un mundo con otra organización política o social, por ambas y hasta el que lo hace sin un por qué y un propósito definidos, porque nunca se lo marcó y un día sin más, estuvo envuelto en una aventura así y se vio sobre un automóvil acuático rumbo a las costas americanas, en este mundo actual esa desventaja crece, Europa cada vez es menos "conquistable". A pesar de que actualmente el panorama en las relaciones entre Cuba y Estados Unidos ha cambiado y que la política del estado cubano respecto a la movilidad de los cubanos se ha flexibilizado los problemas están muy lejos de solucionarse.

El gobierno de la isla, tal vez porque un día descubrió que ante su incapacidad para sacar adelante la maltrecha economía de la isla, las partidas de divisas que ingresaban en el país, cómo contribución de los emigrantes a sus familias permitían la subsistencia de la economía, aunque a bajos niveles, pero con el gran número de cubanos emigrados en la isla las partidas recibidas por las familias que en definitiva van a parar a sus arcas, unidas a los ingresos por conceptos turísticos les han ayudado a salvar algún escollo, a lo que no puedo olvidar añadir se sumó la adquisición por parte de Cuba del petróleo venezolano, todo esto reunido ha ido mejorando la vida dentro de la isla, aunque dista mucho de ser lo que realmente el pueblo necesita, por ello los cubanos, ahora sin muchos trámites que compliquen la situación salen de la isla hacia países que no les exigen visado y desde allí intentan alcanzar su sueño, los Estados Unidos de América; ahora bien, ¿quién les dijo a los cubanos que se lo pondrían fácil? No, ni en la isla, ni fuera de ella y si no miremos a la frontera de Costa Rica y Nicaragua, donde miles de cubanos han vivido una verdadera odisea, simplemente porque Nicaragua se ha negado a dejarlos pasar por su territorio, cómo dije al principio, la misma Nicaragua que un día Cuba apoyó y en la que maestros cubanos, por solo mencionar un ejemplo, perdieron sus vidas, sólo por ir a alfabetizar a los campesinos nicaragüenses. Así es de injusta la historia, así son de injustos los políticos y así de triste la vida de los cubanos.

Y para el cubano, profesor, ingeniero, técnico, una vez que ha conseguido marcharse a otro país no ha terminado su aventura, porque cuando un cubano llega a cualquier país, cómo casi todos los emigrantes, por muchos estudios que tenga tiene que empezar de nuevo y cómo la gran mayoría vender su fuerza bruta, hasta que ha conseguido la cantidad de dinero suficiente para homologar sus estudios, pero por cada documento que se le requiera del sistema educativo de Cuba, y no son pocos, ha de pagar en torno a los 100 $ y realizar un gran número de trámites, que en caso de no poder hacer personalmente, ha de encargar a una Consultoría Internacional del estado, que desde luego cobra por sus gestiones, y tampoco es muy barato que digamos, por todo ello hay muchos que o por no pagar al estado, o simplemente por desidia nunca llegan a homologar sus estudios.

Siempre he pensado que en cierto modo el gobierno de la isla está legitimado para cobrar los trámites relacionados con las homologaciones de título, en tanto todos lo que cursamos estudios en la isla, desde la primaria hasta los superiores, nunca pagamos por ello un céntimo al estado y me río de alguien que una vez quiso comparar las estancias en la escuela al campo, es decir los 45 días de labores agrícolas con un trabajo no remunerado por parte del estado, incluso voy más lejos, ni las escuelas en el campo en régimen de estudio trabajo, pudieran representar ni siquiera con carácter simbólico un pago al estado por los estudios recibidos, estoy segura que el gasto percápita por alumno para un pre universitario en el campo era superior en mucho, al valor de lo producido por los estudiantes y lo digo desde el conocimiento, lo viví y de esos tiempos recuerdo compañerismo, diversión, juegos y una larga lista de actividades que nos hacían la vida agradable, aún lejos de nuestras familias, pero aun así creo que las tasas por los documentos para las homologaciones son exageradas, cómo casi todos los pagos que tiene que hacer un cubano residente en el extranjero y que son parte del sustento económico del país. Precisamente el hecho de que los emigrantes seamos una gran fuente de ingresos para la isla hace incomprensible el trato que lo largo de los años hemos recibido, porque aunque ya no son los tiempos en que había que pedir permiso para entrar y sólo podíamos permanecer en la isla 21 días, a pesar de que esto es cosa del pasado, si alguno de nosotros hemos contraído matrimonio y viajamos con nuestra pareja al llegar allí es necesario inscribirle en inmigración trámite por el que pagamos 40 dólares, estas y otras medidas además del consabido origen económico también tienen como finalidad el mantener un estricto control sobre todos los movimientos que se producen dentro de la isla ¿es que cada emigrante o su conjugue son un posible conspirador? ¿No basta con la inyección económica que representamos para el país? Tampoco veo justificado, en la actualidad, que a los cubanos se les nieguen los visados para viajar a otros países, esto no tiene mucho sentido, un cubano es un posible emigrante, cómo lo es cualquier ciudadano de un país subdesarrollado con una economía en ruinas y al mismo tiempo un cubano, en cualquier país latinoamericano si es una persona con estudios y preparación puede incluso ser de utilidad, además es un vivo ejemplo de cómo los mismos que critican el inmovilismo de la política cubana son los que ponen barreras a su gente.

Pocos pueblos del mundo han tenido que vivir durante más de medio siglo soportando, por un lado la mala gestión económica y la política equivocada de un gobierno de extrema izquierda arrastrando en su aventura a más de once millones de personas y sin olvidarme de los que desde fuera sangramos por la misma herida y a la vez estar expuesto a continuas agresiones externas que han lacerado su economía y destrozado sus vidas para así "convencer" a esos once millones que viven en el país respecto a cuál es el camino "correcto", llegando incluso a la violencia, saboteando su economía, sembrando el miedo en la gente de ser invadidos por los Estados Unidos y todo esto promovido por los grupos de exiliados de extrema derecha, que al igual que los miembros del gobiernos son tan cubanos cómo los once millones de víctimas de sus presiones.

No podemos engañarnos y pensar que en todo esto se ha perdido lo apetecible que resulta una isla, en la que hay que rehacerlo casi todo, para las grandes empresas extranjeras y tampoco que la cercanía con los Estados Unidos otorga ventaja a los empresarios americanos, si somos consecuentes con la realidad, Cuba necesita de grandes empresas extranjeras que inviertan y ayuden a mover su motor económico, es indiscutible, creo que a estas alturas del partido ni Fidel Castro, ni Raúl Castro, ni ningún dirigente de la Cuba de hoy sea capaz de pensar que la isla por si sola puede salir adelante, pero Cuba necesita de un gobierno responsable capaz de propiciar que el cubano que ha sufrido estos años de privaciones, de miserias, el cubano que no ha tenido ni agua ni electricidad durante días, el que pasó dos días sólo con un pedazo de pan en el estómago, el que le dolieron las muelas y no se las podían sacar, pero tampoco tenía un calmante con el que mitigar el dolor, el cubano que le fue fiel por convicción y se quedó en la isla y el que no ha tenido otra alternativa, en definitiva el pueblo, es su responsabilidad propiciar que el nuevo ordenamiento económico de la isla sean los primeros y aunque parezca una utopía más, una nueva locura a lo cubano, es quien tome las riendas del país quien en lugar de vender el viejo hotel maltrecho a un inversor extranjero, facilite a sus trabajadores la gestión del mismo en propiedad colectiva o a una parte de estos y de la misma manera, con todas aquellas empresas que han pertenecido a un estado que no ha sido capaz de sacarla adelante, da igual si es una peluquería, un estadio, o la terminal de ómnibus.

Pude que ir paulatinamente dando pasos a nuevas formas productivas en principio parezca un avance más lento, pero al menos será más justo y la gente que está allí no tendrá que terminar trabajando para los que un día dijimos adiós a la isla y hemos vivido fuera de ella, lo que no quiere decir que un cubano que pueda y esté fuera no se les ofrezcan garantías de inversión en su propio país, pero que el pueblo después de tanto sufrimiento al menos tenga una recompensa, de este modo, estoy convencida que el motor de la economía de la isla empezaría a rodar, el crecimiento económico en unos años sería evidente, porque de normalizarse las relaciones de la Isla con los Estado Unidos necesitará una súper estructura económica con la que ahora no cuenta o es deficitaria y porque el pueblo cubano es un pueblo trabajador a quien le cambiaron el rumbo de la historia, cualquier cubano que trabaje durante un mes al final del cual vea cómo el y su familia tienen la vida garantizada se dejará la vida en esa empresa, por ello pienso que a pesar de todo, en Cuba aún se puede salvaguardar la integridad de su pueblo.

En conclusión me preocupa la actualidad de Cuba, pero mucho más me preocupa el mañana, Cuba necesita un cambio, pero un cambio pensado y organizado que le permita a los cubanos de dentro y de a pie participar de una economía de mercado, este cubano no tiene capacidad de inversión, que no sabe de bancos ni de préstamos, que sin esos recursos, al mismo tiempo cuenta con una gran experiencia para sacar adelante empresas que no son suyas y apenas con recursos que vive en medio de un sin fin de calamidades que, al fin y al cabo, les haría estar en desventaja con los que dentro de la isla ocupan posiciones de poder y por supuesto con los que están fuera, sin contar a grandes inversores, es con ese cubano , con el que el nuevo orden que se establezca en Cuba tiene una deuda de honor.

7